# Drague, Sexe et Internet

# Dédicaces

Sarah, même au bout du monde, sans ton coup de pied au cul je n'aurais jamais écrit ce livre.

A Carine, merci de m'avoir lue et relue, ton amitié est l'un des plus beaux cadeaux de ma vie

A mes enfants, vous êtes de très belles personnes

Je vous aime

Édition : BoD – Books on Demand,
12/14 rond-point des Champs-Élysées, 75008 Paris
Impression : BoD - Books on Demand,
Norderstedt, Allemagne
ISBN : 9782322155767
Dépôt légal : Septembre 2021

# Préambule

Ami.e lectrice.eur, je te remercie d'avoir pris le temps de choisir mon livre.

Je te souhaite de ressentir autant de joie, de sourires en lisant que ceux que j'ai vécus en écrivant.

Ceci est mon premier livre, basé sur mon expérience très personnelle des sites et applis de rencontres.

Je connais cette maxime qui dit que l'expérience des uns ne sert pas aux autres … et je n'y crois pas !

Ce que j'ai vécu et partagé, avec mes amies, mes copines tout comme avec mes amis et mes potes, m'a démontré que l'expérience se partage : nous apprenons aussi grâce aux autres.

# Présentation et Avant-Goût

Pour comprendre il faut un contexte, et concrètement le contexte c'est moi. Je suis donc obligée de vous parler un peu de moi.

J'ai toujours été une geek dans l'âme. Je suis en quelque sorte tombée dedans quand j'étais petite.

J'ai touché mon premier ordinateur à 10 ans, dans une petite école rurale, où le maître assurait seul l'enseignement pour les élèves du CE1 au CM2.

Et pourtant, Dieu sait comment il avait trouvé le moyen d'obtenir un ordinateur. Cette bête étrange dont le nom était TO5. Je me souviens encore de mes premiers déplacements vectoriels pour faire avancer la tortue.

Je revois la disposition du clavier, énorme pour nos petits doigts avec son lecteur de cassette. Oui j'ai bien dit cassette, la disquette est arrivée après !

Je pense que c'est là que j'ai été fascinée et définitivement attirée par la Technologie. Pas les cours du collège, non !

La technologie qui permettait d'imaginer un autre possible, de faire des choses qui paraissaient impossible jusque-là.

J'ai passé un bac dit Scientifique, oui oui avec une majuscule. Le Bac noble, celui qui permet aux parents de dire : Mon enfant est en S.

Bon à mon époque c'était C ou D, toutefois c'est toujours le même esprit. S pour le Bac c'est une sorte de voie sacrée vers les métiers prestigieux : médecin, ingénieur de la finance.

Bref, la voie vers le métier en col blanc. Personnellement, j'ai même obtenu mon entrée à la prépa HEC. Je trouve dommage qu'une seule filière soit autant valorisée.

J'étais une fille parmi d'autres, même si il faut l'admettre nous représentions et c'est toujours le cas aujourd'hui moins de 50% de l'effectif. Et nous étions encore moins nombreuses ensuite dans les classes de prépa et les écoles qui vont avec.

Par pure curiosité, car je suis curieuse et en prime j'aime apprendre, j'ai suivi un cours optionnel de codage en base binaire pendant ma classe de première.

Nous étions 18 à suivre ce cours, dont 2 filles, et comme j'étais, peut être, la plus jolie et surtout la plus souriante, j'ai été recrutée par des mecs de ma classe pour animer une émission de radio. Je garde de ces années un souvenir fabuleux. Être fille et en S, c'était le bonheur.

Dernier point essentiel : j'ai toujours aimé les hommes. Je n'ai jamais été amoureuse (au sens romantique de l'amour) d'une femme. Et si quelques femmes m'ont physiquement attirée, je suis clairement et à 128 % hétérosexuelle.

La première fois que je me suis envoyée en l'air a été un échec cuisant. Je pense pour moi comme pour mon partenaire !

Pour vous résumer les choses : Regarder l'aiguille tourner sur une pendule pendant qu'un homme ahane dans votre oreille, le tout pendant plus de 60 secondes est juste terriblement chiant.

C'est ce jour-là que j'ai pris conscience de la relativité du temps, chaque seconde m'ayant paru très très longue !

Heureusement je ne me suis pas découragée.

Mes tripes me disaient : "Impossible que le sexe soit aussi nul. Que cette première fois soit nulle, OK. Si c'était tout le temps aussi inintéressant, les gens ne parleraient pas sexe, le porno n'existerait pas ! Il faut recommencer !!! Jusqu'à ce que ce soit bon ". C'est grâce au sexe que j'ai compris le sens de la maxime : "Si tu fais toujours la même chose, tu obtiendras toujours le même résultat. Pour t'améliorer, change ce qui doit l'être". Personnellement j'ai changé de partenaire :)

Voilà vous avez une petite idée de qui je suis et vous comprendrez donc facilement pourquoi j'ai opté pour les sites puis les applis pour faire des rencontres.

Ma première expérience remonte à l'an 2000. A l'époque, j'allais au Cyber Café, pour relever mes messages sur NetClub.

Je n'avais pas d'ordinateur personnel et mon boulot était prenant. Et surtout je dois avouer que je ne me voyais pas utiliser l'ordinateur du bureau pour éplucher les sites de rencontres !

Les personnes qui avaient un ordinateur chez elles étaient rares. Nous étions nombreux à découvrir les joies et la richesse d'internet en surfant lorsque nous étions au bureau.

Je me souviens encore de ce bruit caractéristique de la connexion établie via un Modem 56K !

C'est cette première expérience qui m'a permis de comprendre qu'un monde inconnu fait de nombreuses opportunités existait.

Je dois vous dire, j'ai essayé les sites de rencontres car les hommes autour de moi, mon terrain de jeux du quotidien, offrait peu d'intérêt en termes de relations interpersonnelles.

J'avoue que j'ai commencé à m'entraîner avec les hommes au plaisir de la chair à 16 ans. Donc avant d'opter pour internet j'avais déjà une petite expérience en matière de mecs.

J'ai couché avec des branleurs de banlieue, des appelés quand le service militaire existait encore, des fils de l'aristocratie (aucun rapport avec le Fucking Prince Charmant !), des mecs en CAP, d'autres à la Fac.

Je m'étais déjà envoyée en l'air avec un mec de mon cercle de potes. Il m'était éthiquement impossible de coucher avec un autre au sein du même cercle.

Cette règle de la distance entre 2 hommes a toujours été importante pour moi. Une part de moi savait comment les filles parlaient des mecs. Et pour les hommes qui lisent ce livre, dites-vous qu'une conversation de nanas au sujet des mecs est bien plus trash que tout ce que vous imaginez !

Je faisais tout pour protéger mon intimité. Impossible donc d'avoir une histoire avec un mec alors que j'avais déjà couché avec un de ses potes.

Quand la pression de la normalité "couple + enfant" s'est mis à monter autour de moi, c'est à dire l'année qui a précédé mes 25 ans et sa fameuse Sainte Catherine, j'ai commencé à me demander comment rencontrer un homme que j'aurais envie de garder plus de 6 mois.

# Au début il y avait internet et le Tchat

L'Univers dans sa grande intelligence à moins qu'il s'agisse de sens de l'humour, m'a conduit à relever dans un article de magazine féminin que les sites de rencontres en ligne débarquaient en France.

Deux jours après mon inscription, j'avais reçu plus de 200 demandes de contacts.

Etre une femme, en l'an 2000 sur un site de rencontres, c'était comme un objet rare de qualité épique pour les Gamers : vous n'en croisiez pas tous les jours !

Le ratio était alors de 10 hommes inscrits pour 1 femme.

La fiche de présentation était basique : pas de photos, juste un déclaratif : taille, sexe (oui sexe pas genre !), ville, âge, poids, couleur des cheveux et des yeux etc ...

Je me souviens qu'en voyant 200 + demandes, je me suis sentie d'abord flattée, puis je me suis demandée où était le loup. Je peux admettre que ceux ou celles qui me regardent pensent que je suis jolie, comme toutes les femmes :).

Toutefois, je ne me suis jamais sentie l'âme de Claudia Schiffer et je vous le rappelle il n'y avait pas de photos sur la fiche de présentation.

J'ai donc plongé dans mes messages et là Ô surprise j'ai hésité pendant longtemps entre la sidération la plus absolue et le rire.

J'ai lu les premiers messages et devant l'énormité de la tâche, certains messages étaient longs comme un jour sans pain (provenance direct de ma grand-mère, bisous Mamie, je t'aime ;), j'ai fait un premier tri.

Je suis grande, enfin selon les critères des gens qui m'entourent. Je mesure 175cm depuis que j'ai 12 ans et je ne me suis jamais sentie si grande que ça.

Certes je suis plus grande que la quasi-totalité des femmes de ma famille.

D'un autre côté je suis plus petite de 17 bons centimètres que mon petit frère. C'est peut-être ce qui explique mon adoration des escarpins à talons aiguilles. 7 centimètres est mon minimum vital. (je vous vois sourire en coin, petits coquins !).

Donc j'ai refusé par défaut tous les hommes dont la taille était inférieure à 1m80. Je sais c'est hyper restrictif comme critère.

Toutefois, je suis comme ça. Malgré ma taille, j'aime qu'un homme soit plus grand que moi.

Je sais que c'est un reste de l'âge des cavernes inscrit dans mon cerveau reptilien et que ce critère m'empêche sûrement de rencontrer des hommes qui me conviendraient surement, etc. ...Je n'y peux rien, c'est comme ça. Je reviendrais sur cette histoire de taille plus tard (et je vous vois continuer à sourire en coin !).

Après avoir éliminé environ les trois-quarts des demandes, il en restait quand même une cinquantaine. Je les ai toutes lues une par une.

Pour certains, en une phrase ils atterrissaient direct dans la poubelle des refus : celle qui résonne encore dans ma tête aujourd'hui. « Je suis propre et bien élevé, je bois ma bière en slip kangourou et je sais faire pipi dans l'évier, malgré la vaisselle qui déborde ».

L'humour de cette accroche m'échappe ... l'image d'un homme en slip kangourou dégueulasse (avec traces de freinage etc ...) qui pisse dans un évier, c'est beaucoup trop Fluide Glacial pour moi.

Certains avaient l'air trop spécialistes : « je n'aime que les Haïkus et ne rêve que de Japon, tout le reste n'est que futilité ». Ok mec, je te demanderais bien alors ce que tu fais sur un site de rencontre français toutefois ta possible réponse m'ennuie déjà.

Bon ce n'était pas de sa faute, la beauté de la poésie m'a toujours échappée. Dédicace à tous mes profs de français et de littérature : la poésie déjà c'est chiant ! La beauté métaphorique etc ... c'est ennuyeux à mourir ! Alors pourquoi mais pourquoi nous demandez-vous de l'analyser ?!? Après tout, la beauté c'est beau et c'est tout. Pas besoin de détailler.

Pendant la semaine, qu'il m'a fallu pour apurer les messages, le mec qui bossait au Cyber Café, m'a abordée pendant que j'étais plongée dans les contacts, pour me demander de l'accepter en contact ...

Hum ... What the F*** mec ? Si tu viens me parler IRL*, alors va jusqu'au bout et demande mon GSM au passage (oui dans les années 2000 on disait GSM et pas 06). Bref, sois prêt à prendre un râteau en live et pas via une demande de contact virtuelle.

Il a toutefois eu l'avantage de me faire activer la fonction Tchat en temps réel du site.

Tous les mecs demandaient d'entrée « ASV ? ». Le premier qui m'a fait le coup j'ai buggé et du coup je lui demandé « Quoi ? » Il a répondu « ASV : Age, Sexe, Ville ? » j'étais soufflée, ASV ... ça m'a poursuivi un moment cet acronyme ;)

Les mecs sur le Tchat étaient hyper speed, j'avais l'impression d'être la peluche qui offre un tour gratuit dans les manèges.

Le côté harceleur de certains était flagrant : « ASV » … »ASV »… « ASV » … »t'es la ? » « non ? » … « encore une pu** » !

Je me demande parfois, si ce sont les mêmes qui harcèlent dans la rue !

Ceux à qui je parlais voulaient absolument me rencontrer vite vite vite. Et dire que tout le monde disait que c'était les femmes qui étaient sous pression.

A l'époque, je ne comprenais pas naïve que j'étais, ils ratissaient large et aussi vite que possible à cause du peu de nanas présentes.

J'ai aussi rapidement compris que ce qui les intéressaient c'était de tirer un coup. Peu importe le flacon pourvu qu'on ait l'ivresse était leur maxime, consciente ou inconsciente, c'est un autre sujet !

J'ai accepté quelques rendez-vous IRL via le tchat. Un m'a tellement marquée que j'en ai ri et j'en ris encore.

A peine plus âgé que moi 26 /27 ans, quand j'en avais 24. Sachant écrire, sans faute d'orthographe dans un français un poil soutenu (l'orthographe et la grammaire feront l'objet d'un autre chapitre soyez patients).

Il m'a attirée avec la promesse d'une balade sur les Champs Elysées ... Ah oui j'habitais en région parisienne à l'époque, ce qui facilitait les possibles ;)

Je suis partie à ce premier rendez-vous, la boule au ventre et ayant prévenu ma mère de où j'allais. J'étais naïve, pas idiote !

L'après-midi a été génial, discussion intéressante, balade sur les Champs, verre au café Renault, café aux Tuileries.

En début de soirée, le soleil se couchait paisiblement, il m'a proposé de dîner avec lui, j'ai cru qu'il disait au restaurant, japonais qui plus est.

J'ai accepté et c'est ensuite qu'il a précisé, une fois arrivés à deux pas de son appartement qu'il voulait commander des sushis et se faire livrer chez lui. J'ai tiqué et accepté, après tout la vie est une grande aventure.

Arrivés dans son deux pièces à deux pas de l'Arc de Triomphe, il me fait visiter et je remarque sur les murs des photos de lui à Polytechnique, excusez-moi du peu.

J'étais intéressée après tout je ne croise pas des X tous les jours. Je vous résume le dialogue :

Moi : Tu as fait X ?

Lui : Oui

Moi : tu as aimé ?

Lui : Oui c'était un moment génial, mon réseau est exceptionnel, j'étais dans la promo (j'ai oublié). Tu sais à X chaque promo à son mentor, son modèle.

Quelles études as-tu faites ?

Moi : un BTS Tourisme (oui avec une majuscule à Tourisme et non pas TOURISTE), par choix.

Lui : Ah !

Ce « Ah » contenait, je n'ai pas rêvé du mépris absolu.

Ce « Ah » m'a vexée, je dois l'avouer. J'ai laissé passer en gardant un arrière-goût de rancœur.

Je remarque une photo de lui en uniforme de la Marine Nationale :

Moi : Tu as fait ton service dans la Marine Nationale ?

Lui : Oui j'étais Officier ;

Moi : Vraiment ? Tes galons disent que tu étais enseigne, non ?

Lui : Oui Officier donc.

Moi : Non pas vraiment, plutôt élève officier, pas vraiment dans le rang et pas non plus officier, n'est-ce pas ?

J'avoue c'était petit comme remarque, cela m'a vengé du « Ah ». Je vous parlerai de mon ego plus tard !

Nous continuons la visite, il ouvre avec emphase la porte de sa Chambre et je remarque interloquée que le lit, King Size a-t-il précisé, trône sur une estrade en bois !

C'est là que j'ai compris le sens de ce bip que j'entendais en sourdine dans ma tête : c'était une sirène d'alarme. J'y reviendrai.

La discussion se poursuit, les sushis arrivent, je me souviens qu'il avait allumé le téléviseur, (trop classe mec, merci tu avais depuis le BTS tourisme, besoin d'un fond sonore). C'était l'arrivée du Vendée Globe, celui où Helen MacArthur a terminé en deuxième position.

On assiste à l'arrivée après avoir mangé, sagement assis dans son canapé trois places. Chacun son coin de canapé.

Il se rapproche de moi, passe le bras autour de mes épaules et tente de me rouler une pelle. Non pas de m'embrasser façon Prince Charmant, vraiment de me rouler une pelle : bouche ouverte et langue qui pointe !

J'ai fait un bond instinctif en arrière qui m'a mise debout, je l'ai regardé droit dans les yeux et j'ai déclaré :

Qu'est-ce que tu fais ? T'es dingue. Ce n'est pas mon truc. Je suis FRIGIDE !

Le tout en quelques secondes et avec mon Air so shocked (OMG).

J'ai ramassé mon sac et je suis partie comme si j'avais le diable aux trousses !

Arrivée, sur le palier, en haut des escaliers, j'ai explosé de rire et je suis restée morte de rire, pendant tout le trajet en taxi jusque chez moi. Encore aujourd'hui, j'en souris. Moi Frigide c'est l'équivalent de Mars est une planète gelée !

# Premiers Rendez-vous

Cet épisode m'a vaccinée contre les rencontres après une trop rapide discussion par Tchat en temps réel.

J'ai par contre poursuivi mes recherches. J'ai obtenu quelques rendez-vous après avoir retenu, moins d'une dizaine de profils, dans les 200 + qui m'avait écrit.

Certains étaient sympas, d'autres m'ont paru mesquins.

Je me souviens de cet apprenti enseignant qui m'a donné rendez-vous dans un café des Champs Elysées et a exigé (oui exigé) que nous partagions la note en parts égales quand je n'avais pris qu'un café et lui 2 chocolats chauds. La classe ! Je l'ai planté sur le trottoir dès que la note a été payée.

La radinerie est un répulsif efficace sur moi. Je suis gourmande et généreuse, j'ai horreur que l'argent soit un sujet et soyons honnêtes : la radinerie du quotidien n'est jamais bon signe pour le sexe.

Comment imaginer qu'une personne puisse donner du plaisir quand tout ce qui la motive est de compter son argent au centime près et de ne jamais laisser de pourboire car « Regarde le service 15% est inclus » !

Sur l'un des rendez-vous, j'ai fait demi-tour, lâchement. De loin, le mec m'a répugné. Physiquement, c'était pas mais alors pas du tout mon genre. Malgré sa grande taille ;) Quand il m'a appelée, j'ai inventé une pauvre excuse et ne l'ai évidemment jamais recontacté !

J'en suis encore désolée et j'espère qu'il a trouvé l'Amour depuis.

Je garde enfin un super souvenir de ce mec extraordinaire, galant et incroyablement intéressant.

Je vous vois sourciller : quoi ? Galant ? Appelons le MLF immédiatement ! L'auteure remet en cause la cause féministe.

Breath and stay cool ! Je suis féministe oui et je le vis très bien ;) Cela ne m'empêche pas d'apprécier la galanterie, quand elle est faite comme une évidence, pas comme une obligation à la con.

Tout le temps que nous avons passé ensemble, il a été présent, il a écouté, discuté, échangé. Il m'a amené dans un bar à cigares boire un verre – après m'avoir demandé si cela me plairait ! Nous avons déjeuné tardivement dans le plus vieux restaurant de Paris. Les heures passées avec lui m'ont fait du bien.

Ce mec était fascinant avec un côté wahoo mmmmh j'en ferais bien un quatre heure qui était euphorisante. D'ailleurs, c'est la sensation que j'en garde aujourd'hui, bien que j'ai oublié son prénom : une douce euphorie, avec un petit goût d'inachevé. L'absence de sexe dans ce rendez-vous explique le dernier point.

Cet épisode des années 2000 sur les sites de rencontres, s'est terminé par un coup de foudre, un mariage et deux enfants.

# Sexe et Jeux Vidéos

Au milieu des années 2010, fin de la vie de couple et du mariage. Retour aux soirées entre copines.

Seulement voilà, le truc quand je sors avec mes potes, je suis là pour eux. Le reste du monde, quel que soit le nombre de personnes présentes dans le bar, et bien, c'est à peine si je le remarque. Résultat : je ne drague pas ni ne me fais draguer dans les boîtes de nuit ni les bars !

Et à priori, mon physique et mon style Rock'N'Roll affiché et assumé ne sont pas non plus un appel du pied à tous les hommes présents.

J'ai bien sur lu ces fabuleux conseils qui disent : regardez les hommes en pensant au sexe et au fait que vous aimez le sexe.

Il manque un point essentiel dans ce conseil : Croisez les regards, souriez à ceux qui vous plaisent.

En fait le conseil « pensez au sexe » est une absurdité. Vous croisez un ou des regards qui vous plaisent ? Super, souriez, une fois, deux fois maximum devrait suffire pour que la personne tente une approche.

Bref, contrairement à moi, dans un bar soyez attentifs à votre environnement et souriez.

J'ai testé l'option sourire, il y a seulement quelques mois pour la première fois de ma vie ! Et je vous confirme que cela fonctionne. Croisez le regard d'un homme en souriant et il viendra vous parler ;)

Après la séparation, je ne pensais même pas à cette option. Alors j'ai opté pour la drague virtuelle. Nouvelle décennie et nouvelles opportunités, j'ai d'abord dragué avec succès dans les jeux vidéo et les applis de jeux sur téléphone.

Et oui, la communauté des gamers s'est développée, avec les joueurs du quotidien, les accros à Candy Crush et autres AngryBirds ne me contrediront pas, certains jeux de gestion qui invitent à intégrer une Alliance ou une Guilde (bref une équipe) sont autant d'opportunités de draguer sans le dire !

Avis aux infidèles, aux polyamoureux et aux anarchistes de la relation et bien sûr à tous les célibataires du monde, vous devriez essayer les applis de jeux en ligne, les rencontres peuvent être belles ou originales.

C'est grâce aux jeux vidéo que j'ai eu mes premiers amants post-divorce :

Un fan de latex et de domination, un chef d'entreprise marié qui dormait sur le canapé conjugal depuis 5 ans.

Le fan de domination m'a permis de comprendre que je suis une égalitaire, me placer en position de maîtresse exigeante et qui ordonne c'est pas mon truc. Toutefois, il m'a appris que l'orgasme par pénétration n'est pas un rêve. Merci à lui.

Quant au chef d'entreprise, je lui garde ma tendresse. Il est un peu tombé amoureux. Il habite loin. Je le vois toujours, toutefois nous n'avons fait l'amour que les quelques jours qu'il s'est offert avec moi loin de son canapé et de sa femme. Aujourd'hui, il est heureux en couple avec une autre femme. Son divorce s'est plutôt bien passé. Pour moi, il est de la race des maris. J'ai arrêté de croire que j'avais l'âme d'une épouse :) Il a été et reste à ce jour, l'exception à ma règle de conduite concernant les hommes mariés- je vous la détaillerai plus loin.

Ces 2 aventures m'ont incitée à graver avec attention mes souvenirs dans mon cerveau disque dur. Pas tant pour les sensations que pour l'analyse psycho de la société dans laquelle je vis.

Les relations entre hommes et femmes sont devenues pour moi un sujet d'études et d'apprentissage sur la vie et la condition humaine. Les applis de rencontres sont de supers terrains d'expérimentation et d'apprentissages.

# Boulimie Célibattante

Respirez un bon coup, je vais entrer dans le hardcore des applis de rencontres et de l'humanité. Il y a du bon, du rire, des larmes, et de la détresse !

J'avoue que le retour au célibat a provoqué dans les premières semaines un effet Boulimie :

Appelez ça une volonté inconsciente de tester son pouvoir de séduction ou toute autre théorie du même style.

Les 3 premiers mois de célibat, j'ai pas vraiment fait dans la qualité de la relation. Si le mec me plaisait après 2 messages et  qu'un café ou verre confirmait l'attraction physique, j'ai rarement dit non.

J'ai dit oui le premier soir, parfois même la première heure. Je suis une tenante de profite maintenant demain c'est si loin. Et puis, j'aime faire l'amour.

Dire non par peur du « que vont penser les gens ? » liée à ma condition de femme, est un non-sens. Surtout que les gens savent uniquement ce que je veux bien leur dire. Pour vivre Libres vivons cachés est ma devise.

J'ai fait l'amour l'après-midi, le matin, dans des chambres d'hôtel de bord de route ou des appartements de célibataires. J'ai sûrement oublié certains de ces amants de passage. Quoi qu'il en soit certains sont restés dans ma mémoire.

J'ai rencontré des hommes en détresse émotionnelle, pour qui ne pas faire l'amour était devenu un poids psychologique tel qu'ils auraient accepté n'importe quoi juste pour un câlin. Je suis désolée de le dire avec franchise et brutalité : le désespoir est l'exact contraire de sexy.

Quelqu'un tellement en attente et en demande d'un simple contact physique, qu'il vous supplie d'accepter un rendez-vous pour lequel il fera plus de 100 Km aller-retour, c'est plus efficace pour me faire fuir que n'importe quelle attitude de macho borné !

J'ai rencontré des hommes merveilleux qui même après plusieurs passages par la case lit restaient des mauvais coups pour moi.

Et puis, j'ai rencontré un homme de 10 ans plus jeune que moi qui m'a permis d'espérer. Il était cultivé, physiquement à mon goût et au pieu il assurait.

C'est après un petit tour avec lui, entre ses draps, que j'ai commencé à réfléchir, sur ce que je voulais et j'attendais pour cette phase de ma vie d'une relation interpersonnelle. Nous avions mis cartes sur table : pas question d'être un couple.

Nous sortions boire un verre et après nous faisions l'amour ou nous baisions en fonction de l'humeur du moment.

Il a toujours été aussi respectueux que je l'étais. Une aventure gagnant gagnant. C'était que du bonheur shooté aux endorphines.

J'ai rencontré énormément d'hommes, discuté avec mes copines et compris que ce que je voulais allait être difficile et l'ai toujours, à obtenir.

Je reste attendrie par ces hommes qui ont croisé mon chemin et qui m'ont juste fait rire et passer un bon moment.

Je parlerais peu d'eux, je vais vous parler de tous les autres. Ceux qui me font rire aujourd'hui. Ceux qui sur le coup m'ont juste fait flipper, mise en colère ou abasourdie.

J'ai commencé les rencontres, les toutes premières avec Badoo. Mon expérience de ce site résumée en quelques mots : Badoo et le Bon coin même combat vous trouverez tout et n'importe qui et souvent quelqu'un dont vous ne voulez pas vraiment.

C'est avec cette appli que j'ai pris conscience que la qualité des messages avait de l'importance pour moi.

Un homme qui engage la conversation par « Cc sa va ? » est devenu pour moi une fin de non-recevoir.

Les téléphones ont tous un putain de correcteur intégré n'est-ce pas ? Alors posez-vous la question combien de répétitions de « Cc sa va ? » faut-il pour que le correcteur l'intègre comme le standard de votre orthographe ?

J'avoue je ne connais pas la réponse et comme la question du sens de la vie (peut être que 42 signifie quelque chose ;), je préfère laisser cette question sans réponse.

# Google est mon Ami

Après quelques rencontres, vraiment très peu, via Badoo, j'ai décidé d'utiliser Google mon meilleur ami, pour aller sur d'autres applis et Ô Joie, je suis tombée sur Adopte un Mec !

Un site esprit Girl Power, où les femmes choisissent d'accepter la demande de contact, peuvent bloquer les relous et entamer directement une conversation avec un profil qui leur plaît.

Je suis moins fan du concept de supermarché : mettre un homme dans un caddie n'est pas mon truc. J'ai jamais été une Shopping Addict.

C'est avec Adopte que j'ai découvert les joies de se faire ghoster. Vous savez ce charmant moment où la personne avec qui vous discutez ne répond plus à aucun message. Alors que le site vous indique qu'il ou elle (ne mentez pas les filles, vous l'avez aussi déjà fait !) est en ligne.

C'est à ce moment-là que j'ai commencé à lire des livres de PNL(Programmation Neuro Linguistique) et développement personnel, pour détricoter mon Ego. Au moment où j'écris, il me semble que je m'en suis plutôt bien sortie de cet Ego encombrant et très mauvais conseiller. Vous savez cette petite voix dans votre tête qui est toujours là à vous murmurer colère, rage, envie, mépris, etc ... Bref, qui vous empêche d'être empli d'humanité, de compassion et d'empathie !

En conséquence, je remercie ces mecs qui ont fini par m'ignorer ! Merci du fond du cœur, grâce à vous aujourd'hui je suis une meilleure version de moi ;) Une version que vous n'avez donc jamais rencontrée et que vous ne rencontrerez jamais !

Je dois avouer une expérience que j'ai tentée sur adopte :

Mon profil attirait des hommes aux profils variés. Un jour de pluie, probablement un dimanche, j'ai décidé d'ajouter dans mes photos de profil la photo prise par une copine alors que nous étions à la plage. Je suis en maillot de bain 2 pièces et ma pote a pris la photo à 2 mètres de distance.

En premier lieu, cette photo était la dernière de mes photos de profil. Puis par la magie de l'algorithme et de l'attrait qu'elle générait auprès des hommes, elle est devenue ma photo principale de profil.

Mon taux d'attractivité a explosé en conséquence.

Certains de ceux à qui je parlais m'ont quand même fait flipper.

Je me rendais compte très rapidement qu'ils zoomaient sur la photo !!! Certains avaient ainsi repéré mes tatouages. Ils avaient zoomé sur la photo et scruté chaque pixel ! C'est dans mon esprit le signe d'une tendance au stalking - ces personnes qui suivent et harcèlent sur les réseaux sociaux voire IRL !

Très clairement, j'ai compris qu'une photo en maillot de bain signifiait Open Bar pour tous les mecs présents !

Je passerais sur tous ceux qui pensaient que je serais d'accord pour tirer un coup en 2 messages. Très clairement, ils pensaient que cette photo disait « Viens j'ai envie de baiser » !

Certains ont compris le sens de l'expérience que constituait cette photo et en ont ri avec moi. Merci Messieurs ☺

A force de traîner sur Adopte, j'ai compris qu'un homme qui a beaucoup de points est un homme qui a du succès avec les femmes et surtout un homme qui est sur l'appli depuis très très longtemps.

Il faut que vous sachiez que les points sur adopte se gagnent en envoyant des charmes et en envoyant/recevant des messages.

Donc très concrètement un mec qui vient d'arriver à peu de points, seulement ceux qu'il obtient après avoir complété son profil. Et souvent, ces Newbies envoient leurs charmes (un homme qui veut parler à une femme lui envoie un charme matérialisé par une rose) aux premiers profils qu'ils matent ! C'est comme cela que je les repère ☺ Ils envoient un charme alors qu'ils habitent à l'autre bout de la France.

Les hommes sont également notés par les femmes, avec plusieurs critères, l'un d'eux est facilité de prise en main … Je vous laisse apprécier la finesse de ce critère. Un autre est la fiabilité des photos.

La note est sur 5. Je n'ai jamais croisé un homme avec 5 étoiles. Je me demande même si cela existe.

Ce concept de supermarché du Love est pour moi fatigant à la longue.

Et puis la féministe en moi se rebelle ! J'ai horreur de faire subir aux autres ce que je n'aime pas que l'on me fasse ! Et donc être jugée par autrui c'est devenu impossible, limite intolérable. Donc je ne juge pas non plus les autres.

Ce que je partage ici ce sont mes impressions, sauf pour les goujats !!! là oui il s'agit clairement d'un jugement :P

# Avec ou sans sexe tout est possible

Quelques hommes ont laissé une impression dans ma mémoire :

Comme ce commercial, qui en fait ne couchait pas avec les femmes. Il se contentait de dormir avec elles, en leur caressant les seins et les fesses. Je me suis sentie pendant quelque temps l'âme d'un doudou.

Sensation étrange et pleine de langueur. Je l'ai vu souvent pendant quelques semaines. Pas une fois nous n'avons fait l'amour. Il aimait juste avoir une femme avec lui, chez lui comme il aurait eu un colocataire.

Ok un colocataire avec des seins et qui dormait avec lui. Un doudou colocataire en fait.

Je me rappelle également de ces hommes qui clairement ont une sexualité trouble, avec une nette préférence pour la sodomie et l'auto admiration quand ils s'envoient en l'air.

Ce n'est pas votre corps qu'ils regardent, c'est le leur en train de vous faire l'amour. J'avais l'impression d'être une poupée gonflable, en plus vivant. Et surtout 2 ou 3 fois, je me suis demandé sur qui ils fantasment quand ils fermaient les yeux.

A moins bien sûr que le mec s'imagine dans un film porno et se regarde comme le ferait l'œil d'une caméra. Je vais le dire et le répéter : Penser que le Porno est le moyen d'apprendre à faire l'amour, c'est comme penser apprendre à conduire en regardant Top Gear : c'est de la connerie !

Petite pensée, à cet homme qui envoie régulièrement des DickPick à son meilleur pote, au prétexte de l'humour. Repense ta sexualité, très cher. Je suis sûre que ton homosexualité latente ne cherche qu'à s'exprimer librement ;)

J'ai eu des discussions virtuelles et mémorables, tellement je me sentais déconnectée de l'homme avec lequel je parlais :

Lui :t'es jolie sur la photo en maillot de bains

Moi : c'est pas moi c'est ma mère sur les photos - smiley

Lui : ah bon pourquoi tu mets pas de photos de toi ?

Moi : ah c'est des photos de moi qu'il faut mettre ?

Lui : Ben oui

Moi : je te fais marcher - smiley clin d'œil

C'est moi sur les photos

Lui : hahaha t'as de l'humour pour une meuf

Moi : l'impression d'entendre les corbeaux qui passent avec des petits points façon Nicky Larson !

Dans le même esprit, certains messages m'ont sérieusement interrogée sur la capacité d'attention à l'autre :

Lui : Tu m'envoies une photo que tu prends maintenant ?

Moi : Ok

J'envoie une photo de moi au lit, couverte par ma couette qui suggère sans dévoiler ! J'ai l'art de la photo smartphone intéressante :P Dans un coin de l'image, apparaît ma tasse de café, avec une cuillère à dessert qui dépasse de la tasse.

Lui : T'as pas de cuillère à café ?

Moi : …

Sans être une accro au compliment, rassurez moi : quand vous recevez une photo à minima agréable d'un partenaire, la seule chose que vous trouvez à lui dire : C'est « Purée … t'as pas de cuillère à café ?? »

Je me suis demandé si ce n'était pas une façon détournée d'éviter les commentaires sur le physique. Ce qui me conduit à m'interroger : Si je n'étais pas à son goût physiquement pourquoi avoir liké sur l'appli.

Clairement, les applis de rencontres ont pour but la rencontre. Si finalement l'autre ne vous attire pas physiquement, il suffit de mettre gentiment fin à la discussion non ? Au pire, un ghostage en règle solutionne aussi le problème !

J'en profite pour parler également de  ces hommes, qui n'ont finalement jamais le temps pour vous rencontrer.

Ils sont capables de vous écrire pendant des jours voire des semaines. Toutefois, ils ne sont jamais disponibles. Généralement, ils sont très doués pour discuter.

Ils iront même pour certains jusqu'à vous proposer des sextos, le tout sans jamais vous avoir croisée.

Ces hommes sont des pièges ! Ils veulent que vous ne pensiez plus qu'à eux H24 sans jamais eux se sentir engagés. Ils veulent que vous leur fassiez de grandes déclarations sans jamais avoir à vous croiser.

Je n'ai toujours pas compris : « pourquoi ? » Est-ce un fantasme sur l'amour épistolaire ? Ou alors, qu'ils courent tellement de lièvres en même temps que leur agenda est overbooké ?

Quoi qu'il en soit, un homme qui n'est pas partant pour un café dans les 48 à 72 heures qui suivent l'échange des numéros de téléphone est pour moi un homme à qui je dis au revoir.

En fait, je laisse la conversation mourir d'elle-même c'est plus simple ;)

# Parlons profils

J'ai fait plusieurs stages sur Adopte au cours des dernières années, si les 2 ou 3 premières tentatives ont été concluantes, j'ai fini par me lasser et j'ai essayé Tinder.

Vous connaissez cette appli catalogue sur laquelle vous feuilletez les pages, comme le faisait peut être votre mère grand-mère pour acheter de nouveaux draps, tout en vous interrogeant sur tous ces profils étranges.

Ceux sans photos, au prétexte de la discrétion tu sais à cause du boulot. Vraiment ? T'es qui ? Le président de la République ? Un espion russe ou nord-coréen ?

L'expérience m'a appris qu'en fait tu es marié et que bien que tu aies juré fidélité à ton épouse, tu t'ennuies au pieu donc tu cherches une ou mieux des maîtresses.

Tu penses qu'il est plus facile de baiser avec la première qui le veut, plutôt que de remettre en question ta routine maritale.

Assumes tes choix et fais comme les courageux qui le disent clairement dans leur profil « Je suis marié ou en couple ». Ils sont rares et c'est dommage. C'est du temps perdu pour tout le monde le manque d'honnêteté.

Une photo avec des enfants …. Sérieux mec ?

Avec des enfants, sur une appli qui compte des millions d'utilisateurs tu affiches des enfants ?!? Sur une appli de drague en mode coup d'un soir, tu affiches des enfants ? Comment dire ? C'est flippant !

Que ces gosses soient les tiens ou tes neveux, cela reste hyper glauque. Tu penses passer un message positif ? Du genre : j'ai envie que tu sois la mère de mes enfants ?

Change d'appli Man, Tinder c'est un site pour coup d'un soir ou PQR (Plan Q Régulier) pas franchement calibré pour que tu rencontres la femme de ta vie.

Comment je le sais ? Tout simplement parce qu'il communique sur le nombre d'utilisateurs, jamais sur le nombre de mariages ou couples formés. Il facilite la rencontre rapide. Le long terme n'est pas son fonds de commerce !

La preuve : ce prof avec qui j'ai bu un café et qui est tombé sur une nana qui 5 minutes après lui avoir dit « Bonjour" lors d'un premier rendez-vous a déclaré « Bon on va tirer un coup dans les chiottes ou quoi ? ». Je te laisse tirer tes conclusions de cette belle entrée en matière.

Je passe sur tous ces profils avec des photos d'animaux de compagnie (chien et chat pour l'essentiel). Personnellement, cela me laisse de marbre et ne me vend jamais de rêve. J'aime les animaux soyez rassurés. Je les aime libres. Ne pas en avoir est pour moi synonyme de liberté. Traitez-moi d'égoïste si cela vous rassure !

Certains – je dirais un 2 sur 5 affichent clairement la couleur de leur torse ou de leur fesses.

Avec eux au moins le message est clair : Ils sont trop sexy vous allez forcément craquer sur ce torse virilement poilu ou totalement glabre, avec ou sans abdos, je vous laisse choisir selon vos goûts !

Le message reste clair : Viens t'envoyer en l'air je suis un objet de fantasmes. Je swipe à gauche d'office sur tous ces profils.

Je n'ai pas envie d'un homme-tronc. Si je voulais m'envoyer en l'air avec un objet j'investirais dans un rabbit ou un womanizer.

Ce que j'aime c'est la chaleur des corps emmêlés qui fait tomber la couette du lit, les caresses, la tendresse bordel !

Il y a tous ces profils d'hommes en voyage au bout du monde. Souvent, en Asie d'ailleurs. Je m'interroge sur le sens de ces premières photos.

Le message est-il : je suis un baroudeur (dédicace aux cheveux pleins de sel, plantés dans une jungle en bord de mer) ou je vais te faire voyager ? Si vous avez la réponse, cela m'intéresse :)

Dans le même esprit, les profils avec uniquement des photos de paysages paradisiaques trop de romantisme et de mystères pour moi.

Dans la catégorie Mission impossible, je demande les photos floues, pixellisées ou prises de tellement loin que tu devines plus que tu ne vois une silhouette.

C'est quoi le message ? Le mystère ? Vraiment sur une appli orientée plan du jour vous la jouez mystérieux ? C'est une façon détournée de proposer une partie de cache-cache peut être.

Mon préféré : les photos groupes de potes : j'ai envie de m'envoyer en l'air, pas de faire une partouze ! Quant à jouer à "où est Charlie ?" sans savoir à quoi ressemble Charlie c'est compliqué.

La dernière tendance sur Tinder est à l'ajout d'Emojis dans les quelques lignes de profil. Certains se contentent d'ailleurs seulement d'émojis.

Mon problème est le suivant : je ne décode pas tout dans cette suite de symboles.

Si l'association pêche et aubergine est claire, c'est beaucoup moins évident pour fusée, vague et chien !

Par pitié faites l'effort de faire une phrase, vous connaissez ce truc de base : sujet + verbe + complément :)

Et mettez au moins une photo de vous, que l'on sache à quoi vous ressemblez. Si vous n'êtes pas fan des selfie, demandez à un pote de vous prendre en photo.

Mon conseil Bonus : Une simple photo de vous, sourire aux lèvres suffit. Pas la peine de vous mettre en scène !

Pas la peine non plus de collectionner les photos de vous en train de picoler, ou de pratiquer un sport. Votre sens de la fête ou du tacle suffiront à faire la conversation au premier rendez-vous ... Si vous arrivez jusque-là !

Il est une information que tous vous oubliez.

La chance pour un homme d'obtenir un match avec une femme sur Tinder est de 2%.

Sur 100 likes que tu fais ami Masculin, seuls 2 maximum te permettront de lancer une conversation.

Et si tu es doué dans l'art de la discussion, alors peut être pourras-tu rencontrer la charmante et partager un verre avec elle.

2 matchs pour 100 Like, je te laisse tenter de calculer combien de like il te faudra sur Tinder, avant de pouvoir pécho ton plan du jour ☺

Ensuite tu désinstalleras cet appli et tu te sentiras alors libre d'en essayer d'autres !

# Faux plans garantis sur catalogue

J'ai rencontré des hommes étonnants !

J'ai rencontré des hommes qui vous offraient des verres, beaucoup de verres, juste pour être sûrs de vous sauter ensuite.

Des hommes tellement en manque de confiance en eux et qui misent sur l'alcool pour vous baiser. Parce que soyez en sûres les filles, un homme qui vous fait picoler n'est pas un bon coup.

Il se fout que vous bougiez, il se fout que vous preniez votre pied. Que vous soyez une étoile de mer (je vous laisse visionner sur la toile de votre écran cérébral la position) lui convient. Il veut juste fourrer et une poupée en silicone c'est trop cher et surtout il veut pouvoir se vanter auprès de ses potes ou collègues ensuite : "putain ce que je lui ai mis hier, elle bougeait plus tellement je lui ai mis cher !"

J'ai discuté avec des mecs passifs agressifs :

Lui : bonsoir comment vas-tu ? (Point bonus pour l'orthographe)

Moi : très bien et toi ?

Lui : tu fais quoi dans la vie ? Tu mesures vraiment 1m75 ?

Moi : je suis vendeuse de rêves et maman à mi-temps.

Et oui c'est ma taille.

Tu bosses dans quel domaine ?

Lui : je suis directeur marketing. Tu cherches quoi sur cette appli ?

Moi : je cherche ...

Lui : ça t'arrive de répondre aux questions ?

Moi : une relation simple et sereine. Et toi ?

Quoi ?

Lui : je veux quelqu'un qui réponde aux questions ! Ça t'arrive de répondre aux questions ?

Moi : quelle question ai-je laissé sans réponse ?

Lui : Tu mesures vraiment 1m75 ?

Je copie colle ma réponse (oui je maitrise l'art de la discussion version smartphone) et ajoute :

Écoute en toute honnêteté je me sens mal suite à cette discussion. Je vais donc y mettre fin et te

souhaiter de trouver la personne que tu cherches.
Bye

Lui : ouais ok !! Bye

Je suis une tenante du karma. La vie se charge de régler les comptes :P

Et j'ai appris en faisant des erreurs que l'Homme a parfois un ego plus grand que lui.

Mon autonomie et mon absence de peur ont conduit certains mecs à me tester.

Je vous pose le décor : sa chambre déco simple - merci IKEA. L'homme met une ambiance sonore et déclare :

"T'as pas peur de tomber sur un psychopathe ?

Moi : tu veux avouer un truc ? Tu as une cave glauque avec des instruments de torture ?

Lui : vraiment tu flippes jamais ? En mode genre intense

Moi - avec un sourire en coin : tu sais ce serait véritablement incroyable que 2 psychopathes se croisent sur une apli comme Tinder.

Lui : tu sais je pourrais tout filmer et le balancer sur les réseaux sociaux

Moi : c'est marrant que tu en parles ... Mon meilleur pote est un hacker. Lui et ses potes font la chasse aux mecs qui font du revenge porn. Ils adorent transformer la vie de ces types en enfer numérique.

Lui : ah ouais ...

Moi : alors on le teste ce lit ? avec un grand sourire

Sérieusement, messieurs, pourquoi vouloir effrayer une femme partante pour un passage dans votre lit ? Personnellement, je suis une fan de Jack Nicholson , le coup de l'intensité ce mec a inventé le concept et détient le brevet exclusif au niveau mondial.

Je vous laisse apprécier l'affrontement au tribunal, face à Tom Cruise dans Les Hommes d'Honneur et sa déclaration d'Amour, à Hélène Hunt dans Pour le Pire et le Meilleur.

Avis aux amateurs qui veulent prendre une ascension psychologique : si tu n'as pas l'intense présence de Jack, oublies le côté obscur de la force. Commence par essayer de capter la lumière :))

Enfin, j'ai parfois engagé une conversation avec des hommes qui avaient liké mon profil mais qui finalement avaient des doutes :

Lui : Salut, c'est sympa qu'on ait matché :)

Moi : Bonjour, c'est le premier pas en effet. Quel est ton programme aujourd'hui ?

Lui : Te parler ;) (tellement bateau que cela doit fonctionner !)

D'ailleurs, tu mesures vraiment 1m75 ?

Moi : Oui. Si tu ne me parlais pas, que ferais-tu ?

Lui : J'irais me balader sûrement. Elles sont récentes tes photos ? Tes cheveux sont-ils vraiment aussi courts ?

Moi : Quel est ton endroit de balade favori ? Oui mes cheveux sont rasés sur les côtés et longs sur le dessus :)

Lui : Je me demande si tu n'es pas trop masculine du coup, tu comprends entre ta taille, tes cheveux rasés et ton style Rock'n'Roll …

Moi (en mode WTF ?) : Précise "Masculine" ? Parce que si tu veux dire "qui se sent homme", alors rassure-toi j'adore mes talons aiguilles ;)

Lui : Ah … Je déteste les talons !

Moi :^^

Deux minutes plus tard :

Lui : C'est quoi ton signe astrologique ?

Mes alarmes sonnent à tous les étages !

Moi : Astrologie Occidentale ou Chinoise ?

Lui : Occidentale

Moi : Scorpion

Lui : Han, c'est un signe hyper charnel ça. Tous les horoscopes le disent.

Moi : ... C'est important pour toi l'horoscope au quotidien ?

Lui : Oui j'aime savoir ce qui va se passer chaque jour.

Moi : Je vais m'arrêter là dans la discussion. Je te souhaite une bonne fin de journée.

Lui : Tiens mon horoscope ne parlait pas de toi aujourd'hui, c'est que tu es sans importance !

Fin de la conversation !

J'aurais pu dire "Tu cherches une chèvre ? Une naine à cheveux longs et ballerines ?"

Ou "oui j'adore me promener en marcel, et me gratter l'entrejambe en appelant mes copines Poupée avec ma plus belle voix de baryton !"

Je ne l'ai pas fait, sur le coup, je ne savais tout simplement plus quoi dire !

Quant au coup de l'horoscope, comment dire ? Vraiment, l'horoscope te sert à savoir comment va se dérouler ta journée ?

Je vous laisse faire le test et lire pendant une semaine l'horoscope qui vous concerne dans, disons, 3 magazines/sites internet différents. Faites-vous plaisir en jouant au jeux des 7 erreurs ;P

La remarque concernant ma coupe de cheveux, oui j'ai un côté « Punk is life Babe ! », m'incite à me demander "aurais-je dû mettre des photos de moi il y a 10 ans, blonde avec les cheveux longs ?" Par principe, je mets toujours des photos qui ont moins de 6 mois sur les applis.

Probablement, parce que j'ai trop souvent eu affaire à des hommes qui trichent en mettant des photos d'eux quand ils avaient 30 ans, alors qu'ils en ont 40+.

La différence n'est généralement pas dans les rides plutôt dans les abdos Kronenbourg !

En toute honnêteté, cette façon de mentir en se cachant derrière des photos qui remontent à Mathusalem me refroidit aussi sûrement qu'un homme marié !

Je comprends la démarche, je suppose qu'ils se disent qu'ils étaient plus beaux ou sexy il y a 10 ans ! Et après en avoir discuté avec mes potes mecs, je sais que les femmes font la même chose.

Sincèrement, pour séduire, il faut se présenter tel que nous sommes à l'instant T. Ce qui implique d'utiliser des photos récentes, parce que définitivement des photos qui ont 10 ans, c'est bien trop 2010 !

A l'inverse des hommes de 40 ans et plus vous avez les adolescents, enfin pour moi les mecs de 20 ans, pour qui de toute évidence une femme de 40 ans ou plus est un objet de fantasmes ! Ils sont surement sympas, ce qui m'interroge est plutôt ce qu'ils attendent d'une femme qui a l'âge de leur mère ? Personnellement je ne suis pas une éducatrice et n'ai pas la vocation à leur apprendre l'art de s'envoyer en l'air.

Quant à celui qui au premier rendez-vous autour d'un café m'a déclaré qu'il voulait des enfants, j'en reste encore abasourdie. Il n'a jamais compris pourquoi ayant déjà des enfants je ne voulais pas en faire avec lui !

# Quand le Rendez-vous ressemble à une caméra cachée

J'ai eu de nombreux premiers rendez-vous qui ont débouché sur nada !

Certains se sont effacés de ma mémoire, tellement la rencontre était inintéressante.

D'autres étaient drôles et m'ont permis de réaliser que si j'indique toujours ma taille exacte, ce n'est pas toujours le cas de ces messieurs. Ils sont nombreux à avoir croisé ma route en ayant indiqué 1m80 quand en fait ils sont plutôt à 1m70 à 1m75.

Je suppose qu'ils sont restés aussi surpris que moi en constatant qu'avec mes talons je mesure alors presque 10 cm de plus qu'eux !

Je me souviens d'un premier rendez-vous pendant lequel je m'ennuyais tellement, que j'ai discrètement envoyé un SMS à une amie en lui demandant de m'appeler et de simuler une urgence !!

Je dois également avouer que je me suis aussi parfois servie de mes enfants pour écourter un rendez-vous foireux ou reporter ad vitam aeternam le deuxième rendez-vous !

J'ai eu des rendez-vous avec des hommes qui m'ont fait rire sans que cela jamais ne me donne l'envie de finir dans leur lit. L'humour est efficace si l'alchimie est au rendez-vous.

C'est avec eux que j'échangeais généralement sur les rencontres faites grâce aux applis, j'en profite d'ailleurs pour encourager un de mes confrères expert en rencontres en ligne à se lancer dans la vision/version masculine des sites !

J'adorerais avoir un point de vue très détaillé de la question !

Dans la catégorie des rendez-vous qui m'ont fait fuir, et en excluant tous ceux qui ont menti, sur leurs poids, leur taille, leurs photos etc …, il y a eu ce rendez-vous auquel je me suis rendue tard le soir et chez l'homme. Je vous vois hausser les sourcils, inquiets :)

Je suis arrivée dans un appartement agréable à la décoration sobre. Nous avons commencé à discuter autour d'un verre tranquillement. Je sentais bien que j'avais commis une erreur en acceptant de venir chez lui après 21h00.

Il dégageait pendant que nous discutions du stress. A deux ou trois reprises il m'a demandé de ne pas parler/rire trop fort.

Lui : chuuuut ne fais pas de bruit !

Moi : qu'est ce qui se passe ? Les voisins entendent tout ce que tu fais ? Les parois des murs n'ont pourtant pas l'air si fines …

Lui : Non je ne veux pas que mes enfants se réveillent !

Moi : comment ça ? Tes enfants sont ici ?

Lui : Oui, ils dorment dans la chambre.

Moi : Je croyais que tu avais une garde alternée ?

Lui : oui une semaine sur deux

Moi : mais alors pourquoi tu m'invites chez toi la semaine où tes enfants sont présents ?

Lui : J'avais trop envie de toi … de te voir !

Moi : Envie de moi ? Et tu as cru que j'allais coucher avec toi ce soir ?

Lui : Oui t'es venue et mon canapé est confortable ! Avec un sourire en coin

Moi : Juste pour bien comprendre, tu penses que nous allons nous envoyer en l'air sur ton canapé alors que tes enfants dorment dans la pièce juste à côté ?

Lui : oui

Moi : OK, je me casse ! Bonne nuit

C'est ce rendez-vous qui m'a permis de prendre toute la mesure de ce que mes potes hommes me répètent régulièrement.

Les hommes se foutent de tout tant qu'ils pensent avoir une chance ou occasion de s'envoyer en l'air ils restent focalisé sur leur objectif à savoir : tirer un coup. Les conditions, le moment, la nana n'ont aucun intérêt.

Après tout, "Un trou c'est un trou !".

Si en plus, ils s'auto persuadent que c'est du tout cuit, ils sont même capables d'auto-sabotage. Ils s'en foutent, ils veulent juste assurer la vidange !

C'est comme cela, que j'ai eu un premier rendez-vous pendant lequel, l'homme en mal de confidences m'a détaillé tout son parcours de vie, en m'expliquant que le plus difficile avait été de sortir de la cocaïne et de l'héroïne, tout en apprenant à dépasser son agoraphobie.

Il habitait d'ailleurs à 35 ans, encore chez ses parents, car en cas de rechute agoraphobe, c'était plus facile pour être sûr d'être nourri  facilement !

A quel moment, une personne oublie le simple bon sens qui veut que se dévoiler trop en paroles au premier moment d'une rencontre est une erreur ? Il n'est pas question ici de mentir, entendons-nous bien. Toutefois les premiers rendez-vous, surtout s' ils arrivent rapidement après quelques SMS, permettent de se découvrir, sans tout livrer non plus.

Mettre d'emblée sur la table, tous vos défauts ou un passé d'addiction ou de violence est à mon avis une erreur de stratégie. Et surtout, qui a envie d'être le déversoir de votre vie de merde jusque là ?

Je vous le dis en toute franchise, j'ai une âme de Reine Guerrière ! J'ai arrêté depuis longtemps d'être une princesse guérisseuse dans mon jeu vidéo préféré !

Je laisse le métier de soigneur IG (In Game) et IRL (In Real Life) à celles qui aiment aider les uns et les autres à guérir, bref qui n'ont pas dépassé leur complexe de sauveur ou de victime.

Personnellement je préfère être une démoniste avec sa cargaison de démons d'attaque, un mage de feu qui fait tout cramer sur son passage ou un putain d'assassin avec lames empoisonnées et cape d'invisibilité !

Le tout de préférence sous forme d'elfe gracieux à la peau translucide et cheveux bleu :)

Compte tenu de mes préférences, je me demande à quoi s'attendait cet homme lors du premier rendez-vous :

Lui : (les yeux légèrement dans le vague), tu sais en ce moment ma vie est compliquée …

Moi : Ah oui ? (pffff encore un premier rendez-vous inutile ! déclarent mes alarmes)

Lui : Oui je suis en plein divorce et ma future Ex m'en fait voir de toutes les couleurs

Moi : Parfois les divorces sont compliqués (euh le mien s'est très bien passé donc mon expérience en la matière est inutile ici !)

Lui : Tu comprends elle est passée me voir hier et tout se passait bien. Puis elle m'a provoqué en me parlant d'un homme qu'elle voit et qu'elle imaginait bien dans le rôle du père pour notre fils ! Je me suis énervé évidemment.

Nous nous sommes hurlé dessus, elle m'a frappé à l'épaule alors je lui ai collé une paire de baffes. Je lui ai éclaté la lèvre …

Cette déclaration faite d'une seule traite et sans exprimer le moindre remord ou regret.

Moi : euh … je vois ! Ah mince il est déjà 18:12 (début du rendez-vous 18:00) je dois filer. Adieu.

Je suis partie sans me retourner.

La violence n'est pas dans mon tempérament (sauf dans les jeux vidéo !). Un homme qui me menace ou laisse entendre qu'il peut être violent m'incite seulement à fuir loin et vite.

Et de nouveau, à quel moment et sur quelle planète dont le bon sens aurait disparu, ces hommes vivent-ils ?

Quelle femme disposant d'un minimum de self estime trouve ce type de déclaration tellement séduisante, qu'elle plonge la tête en avant dans une histoire de cul ou d'amour avec un homme au passé (très récent parfois !) de violences et/ou d'addiction et de déchéance !

Conseil Bonus : N'ayez peur que de la peur ! C'est elle qui vous tétanise en cas de danger. Alors respirez profondément et gardez votre cerveau allumé.

Quoi qu'il arrive, jouez le bluff. Si quelqu'un se montre menaçant, restez calme et carrez les épaules ! Ayez une attitude qui laisse entendre que vous allez lui faire mal !

Et en cadeau, je vous partage le conseil reçu d'un prof d'auto défense :

Visez les bijoux de famille ! Peu importe comment, utilisez vos pieds, genoux et vos mains si besoin ! Frappez, tordez, écrasez, faites mal très mal. Une fois cet enfoiré de M**** au sol, fuyez et allez chercher de l'aide !

NB : Ce conseil n'est pas genré même John Wick vise l'entrejambe !

Enfin dans l'esprit premier rendez-vous foireux, je décerne la limace d'or à ce mec qu'il a fallu que je vienne chercher en voiture, sur le parking d'une clinique car a-t-il expliqué : Son scooter 50cm3 était en panne d'essence !

Pour ce rendez-vous qu'il avait annoncé comme « boire un verre à la plage », il avait acheté du vin blanc et du rosé, en quart de litre et bouteille en plastique dans la supérette du coin.

Le choix du vin justifiait son retard de 10 minutes sur l'heure du rendez-vous…

Effectivement, ce n'était pas le choix de sa tenue : Je me souviens qu'il portait un jean et un pull qui n'avaient pas vu le bac d'une machine à laver depuis plusieurs jours. Ces tennis blanches à l'origine étaient marron et ses cheveux suppliaient pour être lavés. Bref, cet homme dégageait à tous les niveaux un fumet nauséabond !

J'ai abrégé le rendez-vous au temps qu'il lui a fallu pour s'enfiler le vin, soit 10 minutes. Je n'ai pas bu une goutte. Il tétait le goulot de la bouteille comme un veau sa mère et sa salive couvrait tout le pourtour des bouteilles. C'était répugnant.

Il m'a taxé une clope. Et Il a orienté la conversation sur sa passion pour Dieudonné, m'a fait la démonstration d'une quenelle et m'a expliqué en long, en large et en travers que Dieudonné était censuré car ses opinions politiques étaient trop honnêtes pour être tolérées par l'Establishement.

Pour lui, que Dieudonné soit régulièrement poursuivi pour propos racistes et incitation à la haine était la preuve de sa grandeur !

Bref, il a déclenché toutes mes alarmes internes. Je l'ai raccompagné au bout de sa rue. Il a exprimé sa déception de ne pas me sauter en demandant : « C'est samedi soir, je vais rappeler l'autre meuf d'Adopte elle sera OK pour que je la tire ! »

Un mec classe jusqu'à la fin. Qui a malgré tout tenté de me relancer quelques jours plus tard. Je l'ai proprement envoyé chier et comme je sentais en lui l'âme d'un harceleur et je l'ai bloqué !

Son côté stalkeur a été confirmé quelques semaines plus tard quand une de mes amies est tombée sur lui. Elle a réussi à se débarrasser de lui en allant déposer une main courante ! A priori, la maison Poulaga le connaissait déjà pour ce type de faits de harcèlement.

C'est à cela que devrait servir une note sur un site de rencontres : avertir des mecs dangereux !

# Exhib' ou pas telle est la question

J'ai rencontré des hommes qui étaient partant pour un plan régulier, sans investissement à caractère romantico dégoulinant d'Amoooooour.

L'un d'eux m'a demandé au premier rendez-vous :

" Tu as couché avec combien d'hommes ?

Moi : plus que le nombre moyen d'amants pour une française (aujourd'hui nous sommes à 4 !).

Lui : Combien exactement ? Plus de 10 ?

Moi : Ta question et ton insistance à obtenir une réponse est étrange. Le nombre de mes amants n'a pas d'importance. Seul compte ce que toi et moi allons vivre, au moment où nous le vivrons, non ?

Lui : ouais ….

Vous avez compris je pense, qu'il n'a pas intégré la liste de mes amants.

Je profite de ce passage pour vous inviter à écouter en boucle Ma Benz de NTM afin de bien apprécier le sens des paroles.

"Tu sais ce qu'on dit,

Faut qu'ça glisse et puis qu'ça transpire

Qu'ça foute en transe, pire, faut plus que je respire du tout

Donne-moi, donne-toi, donne tout ce que t'as

Putain c'est fou ce que t'as comme talent

Mais où est- ce que t'as appris tout ça?

Après tout ça, j'm'en fous,

J'veux juste que tu puisse me kiffer jusqu'à l'aube"

A contrario de cet homme qui n'apprécie pas que vous ayez eu une vie avant lui, il y a tous ces hommes qui en 10 minutes de conversation vous proposent de s'exhiber ou de vous exhiber.

Que ce soit dans un club échangiste ou pour une soirée avec des potes à eux "Tu verras c'est des gens supers!", ils pensent que ma liberté est la porte ouverte pour toutes les pratiques sexuelles et surtout les moins courantes.

Ils vous demandent des photos ultra explicites dont je suppose qu'ils les collectionnent !

Ce qui me sidère car aujourd'hui avec internet si vous voulez voir des photos de ce type il suffit de chercher sur Google ! Quel est l'intérêt de les obtenir en dragouillant sur des applis de rencontres ? A moins

que le plaisir ne soit ici que celui de la collection ?
Avoir la photo de chattes qui ne sont pas sur internet
et donc n'appartient qu'à eux ?

Certains m'ont proposé de leur mettre la fessée avec
ou sans objets contondants : je suis une vraie
pacifiste. Je ne mets pas de fessées à mes enfants
alors à un amant …

D'autres sont persuadés que ma liberté me conduira
forcément à accepter de faire l'amour en pleine
journée sur les petites routes de campagne, dans la
voiture. Non Merci : j'ai déjà donné à 18 ans, quand
j'habitais encore chez mes parents.

La chose la plus incroyable qui m'ait été proposée :
me faire l'amour à l'aide de Sextoys, sans caresses
autres que par objet interposé, devant une émission
de télé-réalité. Cette dernière option reste la pire des
tues l'amour !

# Championnat du Monde de la goujaterie

Les prochaines lignes seront consacrées aux goujats et à tous les mufles. Je suis désolée d'avoir eu affaire à eux tout en reconnaissant qu'ils m'ont beaucoup appris sur moi et sur la psychologie.

Je passe rapidement sur les amateurs de DickPick au premier message. Je pourrais les maudire, hurler à la violence psychologique. D'autres se chargent de le faire et bien mieux que moi :)

Je rappelle toutefois, que les sextos ne sont à pratiquer que si les partenaires sont consentants. Quelqu'un qui accepte de discuter ne demande jamais (même si il doit exister des exceptions à cette règle) à recevoir la photo de votre pénis en gros plan dès le premier message !

Il y a eu cet instant irréel. Je buvais un premier verre, pendant un rendez-vous. L'homme qui m'accompagnait s'éclipse un instant pour aller aux toilettes. Un homme que j'avais rencontré plusieurs mois auparavant et avec lequel je n'avais partagé qu'un thé vient alors me dire bonsoir.

l'homme : Bonsoir, tu es venue pour le vernissage ?

Moi : non j'avais oublié le vernissage je suis venue pour un date.

L'homme : ah ok. Donc t'es toujours célibataire, ce serait sympa qu'on se voit un soir. Nous pourrions nous éclater tous les deux.

Moi : c'est pas le moment, je suis avec un autre mec !

L'homme : oui enfin bon, je l'ai croisé, il va pas te plaire ! Donc toi et moi on pourrait s'amuser tous les deux ...

Moi : Non Merci

L'homme : Super je t'appelle demain !

A quel moment exactement d'un raisonnement sain et posé, vous discutez avec une personne qui vous dit être en rendez-vous avec un autre et vous vous dites "c'est bon j'ai ma chance" ? Moi à sa place, je me serais contentée de lui souhaiter une bonne soirée et point barre.

Je me souviens de cet homme qui, alors que nous étions ensemble depuis quelques semaines a eu cet échange sidérant avec mon artiste de voisin :

L'homme : Salut Man

Le voisin : Salut ça va ?

L'homme : ouais trankil et toi ?

Le voisin: bien, bien. Je suis content, je viens de finir de grapher la planche de surf de mon frère. Je lui offre pour son anniversaire.

l'homme : Fais voir !

Il ajoute après quelques secondes :

"C'est chouette ce que t'as fait ! t'as de l'or dans les doigts mec.

Le voisin : merci

L'homme : Je vois que tu t'es inspiré de ma meuf, avec un clin d'œil à l'artiste.

L'artiste : Euh …

Moi : la femme est métisse. Notre seul point commun est sa qualité de femme.

l'homme : Non mais regarde la taille de ses seins, on dirait tes loches.

Vous apprécierez le classicisme du terme et sa classe !

Remarque appuyée d'un sourire gras et clin d'œil à l'avenant à l'artiste, qui cherche à se cacher dans un rosier, car sa sensibilité est fortement attaquée par ce commentaire.

Moi : Je n'apprécie pas que tu fasses des commentaires sur mon physique devant quelqu'un !

L'homme : Oh c'est un compliment, j'adore tes mamelles (bis repetita) !

Moi : arrête immédiatement, c'est pas un compliment. Tu me mets ainsi que l'artiste mal à l'aise.

L'homme : oh ça va c'est bon, t'es chiante à être aussi pudique. Ils sont beaux tes seins et j'ai le droit de le dire si je veux et à qui je veux.

Moi : Casses toi ! (oui il faut savoir être direct souvent !)

Dans la catégorie des Mufles, je décerne la capote d'argent à ce photographe, à l'âme d'artiste maudit, qui vendait des forfaits de téléphonie pour payer son loyer.

Tout le temps qu'a duré notre relation, quand nous sortions il matait outrageusement toutes les autres femmes et faisait des comparaisons avec mon physique.

Il clamait haut fort :

"Tiens ses cuisses sont plus fines que les tiennes" ou "j'adore son petit cul".

Il passait son temps à dire qu'il n'aimait que les femmes très fines, au corps de mannequin ou de danseuse classique.

Bref, toutes celles dont le physique lui rappelait son Ex, avec qui je n'ai aucun point commun !

Je remercie cette amie, qui m'a ouvert les yeux en m'expliquant que ne pas me vexer c'était bien. Que lui dire d'aller se faire foutre avec une autre c'était encore mieux.

J'ai suivi cet excellent conseil avec plaisir. C'était la seule bonne décision de cette aventure !

Pour finir, je décerne le ballon crevé de la Goujaterie à ce chef d'entreprise qui m'a fait croire qu'une belle rencontre était possible sur une appli comme Tinder. J'avais des papillons dans le ventre, il me plaisait vraiment.

J'avais remarqué qu'il avait tendance à ne pas toujours écouter jusqu'à ce fatal échange de SMS. Je vous plante le décor. Lors des vacances scolaires, il est parti skier avec sa fille, je suis en mode maman et en vacances avec mes enfants.

Lui : Salut ça va ?

Moi : oui très bien et toi ? TU t'éclates sur les pistes ?

Lui : Oui. tu me manques, j'ai envie de toi …

Moi : Je dois te dire que lorsque je suis avec mes enfants, le mode maman éteint le mode femme. Je ne suis pas d'humeur joueuse.

Lui : ok, à plus.

12 heures plus tard :

Lui : salut ça va ?

Moi : oui toujours et toi ?

Lui j'ai envie de te faire l'amour

Moi : je t'ai expliqué que c'était pas mon humeur cette semaine

Lui : Tu portes quoi ?

Moi : Jean et T Shirt

Lui : et en dessous ?

Moi : ...j'ai pas envie de jouer.

Lui : allez réponds !

Moi : slip et soutien-gorge, pour une fois coordonnés

Lui : Tu apprendras qu'une femelle (sic !), dans mon Harem (re sic), porte toujours des sous-vêtements coordonnés. Question de Class (oui oui sans le E) et d'éducation.

Moi : Alors considère que je ne suis ni classe ni éduquée. Ce que je vis très bien !

Lui : c'est pour cela que tu as besoin de moi (je pense qu'il fonctionnait à l'auto persuasion) qui suis ton Mâle ALpha et je vais t'éduquer. (à cet instant mon cerveau résonnait de toutes les alarmes possibles et imaginables !)

Vous vous dîtes que je l'ai joyeusement envoyé chier ? Non pas immédiatement à cause de l'effet papillons qui parfois persiste au-delà de la raison !

Le lendemain, il m'envoie :

lui : photo d'une paire de tennis de running Rose

Moi : tu vas les offrir à ta fille ?

Lui : non je me disais que tu devrais les acheter pour te mettre à courir.

Moi : je déteste le sport et par-dessus tout je déteste courir.

Lui : tu devrais t'y mettre rapidement, pour perdre ce petit bourrelet sur ton ventre.

J'ai oublié de vous dire qu'il était en surpoids de 15 bons kilos !

Moi : Loin des yeux loin du cœur, je mets fin à notre histoire. Nos échanges des derniers jours me laissent à penser que cela ne fonctionnera pas entre nous.

Lui : ah ok Bye

Malgré tout cette histoire c'est terminée en 2 phases :

Phase 1 : J'ai beaucoup appris grâce à cet homme. D'abord j'ai appris qu'il était sérieux avec son histoire de Harem. Pendant que nous étions ensemble, il discutait intensément avec la copine d'une de mes copines. Ce que j'ai découvert lors d'une soirée entre filles !

Ensuite, j'ai appris que personne absolument personne n'a le droit d'exiger de vous une modification physique ou comportementale. "Soyez vous-même, tous les autres (personnalité, physique, style) sont déjà pris" comme disait Oscar Wilde.

Encore moins quand la personne devrait commencer par s'occuper de son cas avant de vouloir s'occuper de celui des autres ;)

Enfin, je me suis renseignée sur cette histoire de Mâle Alpha. Ce que j'ai découvert : le Mâle Alpha est un concept creux, fumeux, qui se base sur la comparaison entre l'Homme et les animaux.

Après une recherche un peu poussée, il ressort que le concept de Mâle Alpha est un objet de marketing, proposé essentiellement par des PickUp Artists - vous savez ces mecs qui se vantent de pouvoir obtenir le numéro de téléphone de n'importe quelle femme en 2 minutes ! et qui l'utilisent pour convaincre les hommes timides ou désespérés de payer des sommes astronomiques, en leur promettant de faire d'eux les dignes héritiers de Casanova.

La phase 2 est une cerise sur le gâteau de ce champion du monde des Goujats :

J'ai reçu plusieurs mois après notre historiette ce SMS :

"Bonsoir, je suis seul chez moi dans mon canapé et les jambes écartées (WTF ?!?), je pense à toi …"

Si comme moi, l'image vous révulse, gardez confiance, je l'ai tout simplement ghosté avec un blocage en règle sur mon smartphone.

# Happn, Once, Fruitz et quelques autres encore !

Vous l'avez compris j'ai en quelque sorte écumé bon nombre d'applis qui facilitent la rencontre.

Ils ont plus ou moins tous une spécificité :

Happn vous géo localise en permanence et vous présente les profils que vous croisez au quotidien. Mon côté geek s'accompagne d'une sainte horreur de tout système restrictif des libertés et cela couvre le traçage permanent de tous mes déplacements.

Petit message à notre gouvernement en ce temps de pandémie : Ne comptez pas sur moi pour souscrire volontairement à une appli de traçage !!

J'ai donc rencontré grâce à cette appli, où je ne suis restée que quelques jours, des hommes qui habitaient dans un rayon de maximum 15 kilomètres autour de chez moi.

Des voisins en quelque sorte et j'ai détesté ! Ils mettent encore plus vite la pression pour le sexe que sur toutes les autres applis.

Cette expérience m'a permis de confirmer ma règle de vie : No Zob in Job. No câlin avec un voisin. J'ai un côté félin affirmé, comme les chats je ne pisse pas à l'endroit où je mange ! et puis si les choses tournent mal, il est préférable que la distance soit physique et géographique. C'est d'ailleurs un principe que l'armée applique : quand les militaires sont en déplacement ou muté dans une base loin de leur famille, ils sont considérés "célibataires géographiques !". Faites comme les militaires, soyez des célibataires géographiques :D

Once est étrange pour moi qui suis un mix parfait;) entre le mysticisme celte et la french attitude !

Il faut commencer par répondre à des questions très précises sur vos goûts, vos couleurs, vos désirs d'enfants ou de mariage, vos opinions religieuses et politiques. Le tout est ensuite passé à la moulinette du site, qui vous présente alors le niveau de compatibilité entre vous et l'Autre.

La sorcière en moi s'est évidemment rebellée contre cette inquisition au prétexte de vous faire matcher par compatibilité calculée par un algorithme. Je reste convaincue que l'instinct, le feeling, ce frisson que je ressens lorsqu'un homme me plait est plus fiable et surtout bien plus intéressant que n'importe quel calcul de probabilité fait par un ordinateur !

La dernière appli que j'ai testé, sur les conseils d'une copine est Fruitz qui vous demande d'afficher un fruit qui représente ce que vous attendez comme rencontre :

Pêche pour pécho en rapide

Pastèque pour Sexfriends si affinités

Cerise pour aller boire un verre et plus si envie

Raisin pour la vie à deux.

J'y ai croisé des hommes intéressants, capables d'assurer plus en une soirée que d'autres en plusieurs jours, alors merci, vous m'avez permis de garder mon optimisme sur la nature humaine !

Par principe éthique, je n'ai jamais essayé Gleeden. Vous savez cette appli dédiée à la tromperie. J'ai horreur d'être la maîtresse, celle avec qui l'homme trompe.

J'ai souvent discuté avec des hommes en couple, et tous veulent coucher avec une autre que leur épouse. Quand je leur suggère d'en discuter avec elle et d'envisager la possibilité que leur femme pourrait avoir aussi l'envie de coucher avec un autre homme, ils sont tous choqués.

Ils s'accordent un droit qu'ils ne veulent surtout pas donner à leur femme. Il est inenvisageable pour eux que leur femme soit aussi libre dans le couple qu'ils le sont ! Imaginer qu'une autre bite puisse pénétrer leur épouse est un crime de lèse pénis !

Ce raisonnement foireux est le même que celui des hommes qui n'aiment pas que leur femme (qui donc est à eux au sens j'en suis le propriétaire) soit en jupe quand elle sort ou va travailler.

"Tu comprends je suis un homme et ce que pensent les hommes au sujet des femmes - en jupe ou sexy ou juste des femmes en fait - c'est sale."

Je me demande si ces hommes sont les mêmes que ceux qui vous claquent les fesses en public ? Quand nous savons tous que le seul moment acceptable pour un claquement de fesses, c'est la levrette et si les partenaires sont consentants !

Je connais heureusement des hommes ravis que la nana à leurs côtés soit si bandante que les autres mecs veulent se la faire.

Ce qui compte pour ces hommes, c'est que la femme soit arrivée et reparte avec eux ;) Ces hommes sont dans la catégorie des bons plans à de nombreux niveaux, si vous matchez avec l'un d'eux : Enjoy !

# Femme et aussi maman

Je l'ai déjà dit, j'ai des enfants, 2 exactement. Je les ai très rarement présentés à un homme, qui entrait dans ma vie. Je dois reconnaître que j'ai la chance d'être maman une semaine sur deux à 3000%, puisque nous avons opté avec leur père pour la garde partagée.

J'aurais pu mettre dans la catégorie goujat et autres remarques déplacées, celles qui se rapportent à mes enfants émises par ces quelques hommes (ils sont donc très rares) qui les ont rencontrés. J'ai horreur qu'un homme, qui bien souvent n'a pas d'enfants, me dise comment élever mes enfants !! C'est clair et précis et surtout compréhensible, n'est-ce pas ?

Je suis très très honnête sur ce que j'attends d'une relation et dès le premier rencard.

Je veux un homme qui soit un Ami et un Amant. Il y a, compte tenu de l'organisation de ma vie, peu de chance, qu'il croise mes enfants. Après tout, il est l'Amant/Ami et je suis 100 % disponible une semaine sur deux.

Mes enfants n'ont pas besoin d'un père : le leur est pour eux le plus génial des papas du Monde. Tout homme qui a la chance d'être présenté à mes enfants devrait savoir apprécier cette position de mec de maman. Ils n'ont pas à se sentir investi d'une quelconque mission d'éducation à l'égard de la chair de ma chair, c'est ma fonction de maman et ils ne sont pas père, bordel !

Et surtout en tant que femme, j'attends qu'ils soient présents pour moi et jamais ne demande qu'ils prennent en charge mes enfants.

L'expérience m'a appris que la rencontre avec mes enfants, si elle doit arriver, est fatale 9 fois sur 10.

Je pense que leurs alarmes internes (celles de mes enfants donc) leur permettent de déclencher les miennes par un phénomène que je ne sais pas qualifier : écho, télépathie, théorie de l'énergie universelle … Je vous laisse choisir ou inventer votre possible.

Je me souviens de cet homme qui manquait cruellement de confiance en lui et que mon aîné a défié au Trivial Pursuit.

L'homme a roulé des mécaniques en mode je vais tous vous éclater ! Mon aîné a répondu : toi tu connais mal ma mère …

Je vous laisse deviner qui a gagné de façon écrasante et qui a fini bon dernier de la partie …

# Sois belle et FTG

J'ai eu une histoire qui m'a beaucoup appris, sur moi.

L'homme était geek et gamer (oui ce sont bien souvent des catégories convergentes et distinctes), il voyait ses enfants un weekend sur deux et adorait sortir. Il avait une cuisine qui ne servait que pour les petits déjeuners. Nous passions beaucoup de temps au restaurant.

Ne le voyant qu'une semaine sur deux, et pas tous les jours, nous passons les premières semaines de très bons moments ensemble. La relation évoluait gentiment et pour moi sans pression.

J'ai longuement réfléchi après le premier incident.

L'homme ayant de grosses responsabilités dans son travail, me confiait régulièrement ses ressentis sur son boulot et son équipe.

J'ai commis l'erreur lors d'une conversation, de lui donner  mon avis sur son comportement et celui de l'équipe qu'il encadrait.

Avis qu'il n'avait pas sollicité. Sa réaction a été hyper radicale : il m'a clairement dit qu'il était avec moi parce qu'il me trouvait très belle et pas pour que je lui donne mon avis Bref sois belle et Ferme bien ta gueule !

J'ai réfléchi à mettre fin à l'histoire, après tout l'injonction "Sois belle et tais toi" ne me convenait vraiment pas. Malgré tout j'ai laissé passer le temps, car nos moments étaient plutôt agréables.

Le deuxième accroc s'est produit quand j'ai remarqué que la présence de mes enfants le rendait jaloux. Au fil de l'eau de notre relation, il m'appelait plusieurs fois par jour, dès que j'étais dans une semaine Maman. Il passait alors son temps à me dire et à répéter que je lui manquais trop !

J'ai fini par passer 2 après midi chez lui, puisqu'il m'avait proposé de profiter de la piscine avec mes enfants. Ces 2 après midi, l'homme n'a pas pataugé une seconde avec nous dans la piscine. En fait, il a subitement déclenché une migraine intolérable (ce qu'il n'avait jamais eu jusque-là !) qui rendait insupportable nos cris d'amusement.

Je lui ai parlé de cette situation qui clairement me mettait mal à l'aise. J'ai indiqué que je n'avais pas l'âme d'une infirmière surtout dans ce contexte très psychosomatique que j'estimais liée à de la jalousie envers mes enfants.

A partir de là, les choses se sont rapidement dégradées. Il devenait possessif et se mettait à vouloir me prendre en charge pour des actes du quotidien, pour lesquels je suis et resterais très longtemps autonome. Je vous le rappelle je suis une grande fille. J'ai mon permis de conduire et je sais gérer une relation professionnelle avec un garagiste.

Le dernier incident a été fatal.

Nous buvions un verre en terrasse avec un couple d'amis à lui. Nous racontions des conneries et nous balancions de gentilles vannes les uns aux autres et vice versa.

L'homme m'a gentiment vannée et pour le fun, j'ai pris l'option Princesse : Je lui ai tiré la langue avec un grand sourire et déclaré "Puisque c'est comme ça, je te fais plus de bisous !".

L'homme s'est fermé comme une huître, ce qui ne m'a pas particulièrement interpellée. Son amie qui avait partagé l'apéro avec nous, m'a fait remarquer en quittant le bar, qu'il faisait clairement la gueule. J'étais toujours en mode Fun et j'ai dit avec un clin d'œil à cette amie de l'homme que ce n'était pas mon problème. Erreur fatale de jugement de ma part !

Le trajet retour s'est fait dans un silence plein de sombres pensées. J'ai attendu que nous soyions arrivés chez lui et qu'il soit posé dans son canapé pour crever l'abcès.

Il a enchaîné les bières pour compléter les mojitos précédemment avalés et pour justifier d'être vexé par une phrase anodine "Je Te ferais plus de bisous, na !" m'a doctement expliqué : "Ton corps m'appartient, tu ne peux pas m'en interdire l'accès."

J'ai hésité une demi-seconde entre prendre le temps de lui expliquer mon point de vue ou le planter là avec ses certitudes d'homme qui pense pouvoir posséder un autre être humain.

J'ai revu le fil de notre relation, le sois belle et tais toi, les migraines psychosomatiques et ce "ton corps m'appartient" pendant ce quart de seconde.

Je l'ai finalement planté là, dans son grand salon, seul et alcoolisé sur son canapé, persuadé qu'il me possédait et pouvait disposer de moi comme si j'étais un objet !

J'en ai beaucoup appris sur moi. Cette histoire m'a convaincue définitivement, que je suis incapable d'être une plante verte dont l'entretien revient à un homme. J'aime mon autonomie, ma capacité à faire face seule à toutes les situations est ce que je préfère en moi !

# Hédonisme et je m'en foutisme même combat

Je remercie cet homme qui après plusieurs mois d'une relation suivie m'a fait évoluer plus vite qu'un Pokémon chouchouté par son éleveur.

S'il n'avait pas eu une maison, qu'il partageait avec un couple avec enfant, dans un esprit colocation, vous l'auriez qualifié de Punk à chien !

Il vivait au jour au le jour, rejetait la pression sociétale en mode Fuck le System. Nos discussions étaient passionnantes, même quand il a essayé de me convaincre de l'intérêt de l'Art Moderne en me traînant au Guggenheim !

La dernière soirée que nous avons passée ensemble avait été très agréable. Quand je suis partie travailler, il m'a dit qu'il faisait la fête ce soir-là avec ses amis.

Je lui ai envoyé un simple message SMS 24 heures plus tard, j'avais envie de le voir et je souhaitais copier des photos de notre dernière balade ensemble.

J'ai attendu la réponse pendant 4 longues journées. Pourtant ceux qui me connaissent savent que la Patience n'est pas mon fort.

J'ai fini par prendre sur moi et aller chez lui. En arrivant, je l'ai trouvé dans sa cuisine, occupé à fumer de l'opium avec son meilleur pote en buvant un bol de café.

Cela m'a mise dans une colère noire. Pas à cause de l'opium, non, parce qu'il a déclaré en me voyant "J'ai vu ton message, je pensais te répondre, peut-être demain."

Je bouillonnais de colère et de frustration. Je dégageais de très mauvaises ondes !

J'ai récupéré les photos et je suis partie en me retenant de claquer la porte. Quand il a finalement décidé de m'appeler, il m'a très calmement expliqué qu'il m'avait avertie de son détachement face aux choses et aux gens.

Ma réaction l'avait choqué, il ne voulait pas d'une relation dans laquelle il se sentirait obligé de devoir répondre à la minute dès qu'il recevait un message.

A la minute vraiment ?!? Quelle est cette temporalité qui transforme 4 jours d'attente en 60 secondes ?

J'ai parfaitement saisi le message. "Je suis un hédoniste qui ne profite que de l'instant présent pour moi" signifiait : Rien à foutre de toi !

Message reçu 5 sur 5. Aujourd'hui quand je lis hédoniste dans un profil, une alarme retentit encore !

# Quand il est question de taille

Je suis grande, après tout la taille moyenne d'une femme française est de 164cm. Avec mon mètre soixante-quinze, je suis plus proche de la taille moyenne d'un homme français (177 cm).

Je précise toujours dans chaque profil et/ou descriptif ma taille. C'est pour moi, je vous l'ai déjà dit un critère qui a son importance.

J'ai constaté que c'est aussi une information essentielle  pour les hommes. Pour certains c'est rédhibitoire, je le comprends, vu que je suis plus grande qu'eux.

D'autres peu nombreux sont au contraire attirés et rassurés par ma grandeur physique.

Bon le truc c'est que moi, vous le savez j'ai rarement ressenti de l'attraction pour un mec plus petit que moi.

Et les 2 ou 3 hommes à qui j'ai clairement délivré cette information, se sont vexés et ont tous sans exception déclaré "c'est débile, tu ne sais pas ce que tu rates !".  Je vous donnerai mon avis sur cette déclaration un peu plus tard.

Je me suis quand même laissée tentée par des hommes plus petits que moi.

Cela n'a jamais été très concluant. Ils se sont sentis je pense remis en question dans leur rôle d'homme ... et du coup se mettaient à douter de tout et surtout d'eux !

N'ayant pas la patience d'un psy et ne voulant pas de ce rôle de femme Maman doudou pour homme en manque de confiance, je leur ai dit adieu sans aucun regret.

C'est là que j'ai compris que la taille, qui a son importance en termes de hauteur pour moi, renvoie les hommes à la taille ... roulement de tambour ... de leur pénis bien sûr.

Or la taille (je vous rappelle qu'il n'est question ici que de centimètres) d'un homme n'a aucune corrélation avec la taille de son pénis.

Je pourrais établir ici une liste non exhaustive de toutes les tailles, circonférences et formes de pénis que j'ai eu la chance de découvrir.

Je n'ai qu'une seule conclusion à vous délivrer : ce qui compte dans le sexe et plus si affinités c'est la personne autour du pénis.

J'ai eu des amants qui auraient pu jouer dans des films pornos et un avec un micro pénis ! Je décerne le titre de coup du siècle à l'amant avec un micro pénis.

Il a été fabuleux, repenser à nos moments me donne envie d'écrire des nouvelles érotiques :)

D'après mon expérience, Mr Macro se contente souvent de vous pénétrer et de vous secouer jusqu'à ce que mort, pardon orgasme simulé s'en suive !

Alors je sais que simuler c'est mal, cela ne rend service ni à moi, ni aux amantes suivantes et encore moi à l'homme. Toutefois, parfois, c'est la voie la plus simple pour quitter un homme sans trop froisser son égo et son pénis !

Enfin qui a envie d'entendre "t'es un trop mauvais coup, je m'ennuie et préfère simuler histoire que cela se termine vite ?!?".

J'ai assisté à suffisamment de soirées entre filles, pour avoir compris et appris qu'aucun homme aucun, même le plus ouvert d'esprit, n'est prêt à entendre une femme lui dire « je m'ennuie au pieu avec toi ». Les plus ouverts d'esprit veulent bien que vous les guidiez avec gentillesse. La grande majorité se pense "Experte" en sexe et plaisir !

Alors Retenez bien ceci :

-        la taille est sans importance. Les comparaisons de vestiaire sont des pertes de temps ! Mettez-y fin

-        Quel que soit votre genre, si vous voulez devenir un super coup : soyez à l'écoute de votre partenaire.

A l'écoute de ses soupirs, du bruissement de sa peau, de ses cris, de ses feulements, de ses frissonnements et surtout de ses mots.

Alors seulement, vous comprendrez le sens du mot Extase !

# Orthographe et autres erreurs de syntaxe

J'ai déjà évoqué "Coucou sa va ?"qui est au même niveau que son abréviation :"Cc sa va ?".

L'abrégé c'était déjà insupportable pour moi quand les forfaits comptaient un nombre très limité de SMS. Alors aujourd'hui ou le moindre abonnement est en SMS illimité c'est imbitable 😎.

Je suis aussi une psychopathe des accords, de la conjugaison et de la qualité des mots employés. Je suis également une fan de la précision des termes.

Cela m'a conduit de nombreuses fois à mettre fin à un échange de messages.

Comprenez-moi bien, je sais dépasser mes tocs en matière de grammaire et d'orthographe, tant que le problème ne surgit pas au premier message !

J'ai malgré tout une limite, un même mot mal orthographié plusieurs fois de suite, me renvoie automatiquement à la réflexion concernant le Fucking correcteur automatique.

Du coup je me perds dans mes pensées et arrête tout simplement de discuter avec l'homme.

Je sais c'est du ghosting et c'est moche.

Je ne peux pas m'en empêcher quand je suis absorbée par une pensée ou une activité (oui je sais à quoi vous pensez) c'est toujours intensément !

# Meetic, la voie de l'Amour

En premier lieu, Meetic est à ce jour la seule application égalitaire. Peu importe votre genre, si vous voulez pouvoir répondre et lire les messages, vous devez vous abonner.

Je suis tombée sur des hommes sous pression sur cette appli comme sur les autres.

Ceux qui me font le plus rire sont ceux à qui je dis non, sans me justifier. Je vous laisse faire le test suivant avec un ami.e :

L'ami : Ça va ?

Vous : Oui et toi ?

L'ami : tu me donnes un coup de main pour déménager ma cave ?

Vous : Non.

J'insiste, contentez-vous de ce NON, pas de justification, pas de raison valable, rien. Juste "Non". L'ami.e sera tellement déstabilisé.e qu'il vous sera rarement demandé de vous justifier.

Certains hommes qui ont fait les frais de ce "non" se sont sentis obligés d'insister. La plupart avec un grand classique "Tu ne sais pas ce que tu rates". Je vous laisse en apprécier la saveur faite d'amertume et de tentative laborieuse de se faire passer pour un bon plan !

Le sous entendu vantard ou la vantardise assumée font résonner toutes mes alarmes, comme la mesquinerie !

Un vantard ne s'intéresse pas à vous. S'envoyer en l'air avec une personne qui se vante est la garantie d'un mauvais coup !

Comment pourriez-vous imaginer qu'une personne qui se vante, en pensant rendre les autres jaloux, soit un bon amant ?

Tout ce qui intéresse le vantard, c'est d'ajouter une photo à son tableau de chasse et ensuite s'en vanter auprès de ses potes. Potes qui ne vous connaîtront jamais et à qui vous ne pourrez jamais dire quel mauvais coup est Mr Vantard !

Pour la deuxième fois de ma vie, je suis tombée amoureuse, après une rencontre faite via la magie du web.

Cette deuxième fois m'a probablement définitivement fait passer l'envie de tomber en Amour, comme disent nos amis québécois !

Pendant quelques mois, j'ai flotté sur un nuage de Bonheur aux couleurs de l'Arc en Ciel. L'homme était posé, cultivé, tout marchait parfaitement.

C'est pourquoi j'ai explosé en plein vol, lorsqu'il a pendant que j'étais en déplacement professionnel envoyé un SMS de rupture !

Rompre par SMS est probablement la pire façon de faire, même si je comprends l'envie de s'éviter une grande scène en choisissant cette méthode.

J'ai pris sur moi pour assurer mon déplacement et 48 heures plus tard, je me suis effondrée. Tellement violemment que pour la première fois de ma vie, j'ai dû prendre une journée de congés à cause d'une histoire de cœur !

Je me revois les jambes flageolantes, avec l'envie de vomir et les mains qui tremblent dire à mon manager que je n'étais pas en état de travailler. J'avais besoin de prendre ma journée !

Il me l'a accordée après m'avoir observée. Je devais vraiment avoir une sale tête je vous le dis !

J'ai vraiment très mal vécu la rupture ou plutôt j'ai très mal vécu son effet dévastateur sur moi !

Je m'en suis voulu de m'être laissée emporter par cette passion amoureuse en oubliant qu'aimer passionnément peut faire mal !

Pourtant, tout le monde absolument tout le monde le dit : dans les chansons, les films, les poèmes … C'est clamé à la face du monde : L'Amour qui vous emporte est destructeur.

Si vous voulez vivre épanoui devenez amoureux grâce au temps. Soyez attiré par la personne et ensuite l'Amour viendra.

# Conclusion

Aujourd'hui, je n'ai, à l'instant où j'écris, plus aucune appli de rencontres sur mon téléphone. La redondance des comportements et l'absence d'envie m'ont pour un moment convaincue d'arrêter.

Je crois que je vais tenter l'expérience de la drague IRL. Je vais sortir, croiser des regards et sourire.

Qui sait j'en ferais peut être un deuxième livre

PS : Il m'arrive parfois d'essayer de compter le nombre de mes amants et je creuse alors ma mémoire pour retrouver leur prénom.

Quand je commence cette liste, que je n'ai jamais fini, dans les jours qui suivent certains ressurgissent du fond de ma mémoire et je me dis alors tiens ça fait 1 ou 2 ou 3 de plus que ce que j'avais calculé !

Je réalise alors que ce ne sera jamais une question de nombre. Chacun d'eux est unique et a été un instant unique dans ma vie.

Je les remercie avec beaucoup de tendresse du temps qu'ils m'ont accordé - oui même les goujats :) J'ai arrêté d'être rancunière et grâce à chacun d'eux j'ai appris, beaucoup appris sur moi et sur l'humanité. Alors sincèrement : MERCI.

Quant à vous, chers lecteurs (oui je sais je vous imagine nombreux !) Amusez-vous, aimez-vous ! Le reste n'est que de la littérature :P

Bisous sur la joue !